I LOVE TO GO TO DAYCARE

A bilingual book

J'ADORE ALLER À LA CRÈCHE

Shelley Admont

Illustrated by Sonal Goyal, Sumit Sakhuja

www.sachildrensbooks.com

Copyright©2014 by Inna Nusinsky Shmuilov

innans@gmail.com

All rights reserved. No part of this book may be reproduced in any form or by any electronic or mechanical means, including information storage and retrieval systems, without written permission from the publisher or author, except in the case of a reviewer, who may quote brief passages embodied in critical articles or in a review.

Tous droits réservés. Aucune reproduction de cet ouvrage, même partielle, quelque soit le procédé, impression, photocopie, microfilm ou autre, n'est autorisée sans la permission écrite de l'éditeur.

First edition, 2015

Translated from English by Sarah Dugloud

Traduit de l'Anglais par Sarah Dugloud

I Love to Go to Daycare (French Bilingual Edition)/ Shelley Admont
ISBN:978-1-77268-124-6 paperback
ISBN:978-1-77268-507-7 hardcover
ISBN: 978-1-77268-123-9 eBook

Please note that the French and English versions of the story have been written to be as close as possible. However, in some cases they differ in order to accommodate nuances and fluidity of each language.

Although the author and the publisher have made every effort to ensure the accuracy and completeness of information contained in this book, we assume no responsibility for errors , inaccuracies, omission, inconsistency, or consequences from such information.

For those I love the most-S.A.
À ceux que j'aime le plus-S.A.

Jimmy was lying in his bed hugging his favorite teddy bear. He was really trying to sleep, but something bothered him and kept him wide awake.

Jimmy était allongé sur son lit, serrant dans ses bras son ours en peluche favori. Il essayait de dormir, mais quelque chose le préoccupait et le gardait éveillé.

He rolled out of bed and went to look for his parents.

Il sortit du lit et alla voir ses parents.

Down in the living room, his mom and dad were watching TV. Holding his teddy, Jimmy sat on Mom's lap. "Mommy, I can't sleep," he said.

En bas dans le salon, sa maman et son papa regardaient la télévision. Avec son ours toujours à ses côtés, Jimmy s'assit sur les genoux de Maman.
— Maman, je n'arrive pas dormir, dit-il.

Mom ruffled his hair and gave him a kiss. "What are you thinking about?"

Maman ébouriffa ses cheveux et lui fit un bisou.
—À quoi penses-tu ?

"I'm thinking about daycare," he whispered and hugged Mom tightly.

—Je pense à la crèche, murmura-t-il en serrant très fort sa Maman.

"Oh, sweetie, daycare is so fun!" said Mom.

— Oh, chéri, la crèche est si amusante ! dit Maman.

"You'll meet new friends there," added Dad. "In fact, it's so much fun that I wish I could go, too!"

— Tu vas rencontrer de nouveaux amis là-bas, ajouta Papa. En fait, c'est tellement amusant que j'aimerais bien pouvoir y aller aussi !

"Can I stay at home with you?" asked Jimmy. His head fell on Mom's shoulder.

— *Je peux rester à la maison avec toi ? demanda Jimmy. Sa tête tomba sur l'épaule de Maman.*

Mom stroked his head, looking deeply into his eyes.

Maman caressa sa tête, en le regardant droit dans les yeux.

"How about this," she said. "Since it's your first day in daycare, you'll only stay there for two hours. After that, I'll come back to take you home. But I'm sure that you'll have so much fun that you won't even want to leave."

— *Que penses-tu de ça, dit-elle. Puisque c'est ton premier jour à la crèche, tu y resteras seulement pour deux heures. Après, je viendrai te chercher pour te ramener à la maison. Mais je suis sûre que tu t'amuseras tellement que tu ne voudras même plus partir.*

"You know what?" said Dad. "You can even take your teddy bear with you. Does that sound good, champ?" Jimmy nodded.

—*Tu sais quoi ? dit Papa. Tu peux même emporter ton ours en peluche avec toi. Ça te convient, champion ? Jimmy hocha de la tête.*

"Oh, you're such a big and smart boy," said Mom, kissing his forehead. "I'm sure you're tired. Let's go to bed."

— Oh, tu es un garçon si grand et intelligent, roucoula Maman, en l'embrassant sur le front. Je suis sûre que tu es fatigué. Allons au lit.

She led Jimmy to his room and tucked him in. Then, she gave him a goodnight kiss and whispered in his ear, "I love you, sweetie."

Elle guida Jimmy à sa chambre et le borda. Puis, elle lui fit un bisou et murmura à son oreille: « Je t'aime, chéri. »

"I love you too, Mom," said Jimmy. With a big yawn, he hugged his teddy bear and closed his eyes.

— Je t'aime aussi, Maman, dit Jimmy. Avec un gros bâillement, il étreignit son ours en peluche et ferma ses yeux.

Jimmy was almost asleep when he heard a strange voice. "Hey, Jimmy!"

Jimmy était presque endormi quand il entendit une étrange voix: « Salut, Jimmy ! »

He opened his eyes, looking around. "Who's talking?" murmured Jimmy.

Il ouvrit ses yeux, regardant autour de lui.
— Qui me parle ? murmura Jimmy.

"It's me, your teddy bear!"

— C'est moi, ton ours en peluche !

Astonished, Jimmy looked down. The teddy bear waved his hand and smiled. "I saw you were upset," said the teddy bear.

Étonné, Jimmy regarda plus bas. L'ours en peluche fit signe de la main et sourit.
— J'ai vu que tu étais préoccupé, dit l'ours en peluche.

Jimmy sighed deeply. "Yes, I'm going to daycare tomorrow," he mumbled.

Jimmy poussa un profond soupir.
— Oui, je vais à la crèche demain, marmonna-t-il.

"Jimmy, my friend, but I'm going with you!" The teddy bear winked at Jimmy and gave him his big teddy-bear smile.

— Jimmy, mon ami, mais je viens avec toi ! L'ours en peluche lui fit un clin d'œil et son plus grand sourire d'ours en peluche.

Jimmy looked at him jumping and clapping and burst out laughing.

Jimmy le regarda sauter, applaudir et bondir en riant.

"Shhhh," whispered the teddy bear. He pointed to Jimmy's two older brothers, who were sleeping in their beds.

— Chuuuut, murmura l'ours en peluche. Il montra du doigt les deux grands frères de Jimmy, qui dormaient dans leurs lits.

He jumped into Jimmy's arms and cuddled him close. "Goodnight, my friend!"

*Il sauta dans les bras de Jimmy et se blottit contre lui.
— Bonne nuit, mon ami !*

The next morning his two older brothers jumped out of bed and walked over to Jimmy.

Le lendemain matin, ses deux grands frères sautèrent du lit et allèrent près de Jimmy.

"Today is your first day in daycare. You are so lucky," said his oldest brother.

— Aujourd'hui est ton premier jour de crèche. Tu as trop de chance ! dit son frère aîné.

Jimmy was excited but a little bit worried. "I'm only going for two hours today," he murmured. "Is it a long time?"

Jimmy était excité mais un petit peu inquiet.
— J'y vais seulement pour deux heures aujourd'hui, murmura-t-il. Ça fait beaucoup ?

"Not really," said the oldest brother.
"You won't even stay for a nap," added the middle brother.

— Pas vraiment, dit l'ainé.
— Tu ne resteras même pas pour la sieste, ajouta le cadet.

During breakfast Jimmy was very quiet. "Are you ready to go, Jimmy?" Mom asked, after he cleared his plate.

Durant le petit déjeuner Jimmy fut très silencieux.
— Tu es prêt à y aller, Jimmy ? demanda Maman, après qu'il eût fini son assiette.

"I guess," he answered looking down at his teddy bear.

— Je crois, répondit-il en regardant son ours en peluche.

The teddy bear gave him a big smile and Jimmy felt much better.

Ce dernier lui fit un grand sourire et Jimmy se sentit beaucoup mieux.

He took his teddy bear in one hand and Mommy's hand in the other and they set out.

Il prit son ours en peluche dans une main et celle de Maman dans l'autre et ils partirent.

"You'll like it, honey," said Mom while they were walking. "And I'll be back in two hours, right after snack time."

— Tu vas aimer ça, mon cœur, dit Maman pendant qu'ils marchaient. Et je serai de retour dans deux heures, juste après le goûter.

"I know, Mommy. I'm fine. I have my teddy bear with me." Jimmy winked at his bear.

— Je sais, Maman. Je vais bien. J'ai mon ours en peluche avec moi. Jimmy fit un clin d'œil à son ours.

"I'm so proud of you, my big boy," said Mom as the pair walked up to the daycare's door.

— Je suis si fière de toi, mon grand garçon, dit Maman pendant que les deux se dirigeaient vers la porte de la crèche.

Mom knocked twice, and a lady appeared at the door.
Maman tapa deux fois, et une femme apparut à la porte.

"Hello, Jimmy," the lady said. "Come on in!"
— Bonjour, Jimmy, dit la dame. Vas-y entre !

"How does she know me?" Jimmy whispered to his mom.
— Comment me connaît-elle ? murmura Jimmy à sa maman.

Mom smiled. "I called her before and told her we were coming."
Maman sourit.
— Je l'ai appelé avant pour lui dire que nous venions.

There were a lot of other kids there. Some of them were playing with cars, and others were playing with dolls.
Il y avait beaucoup d'autres enfants ici. Certains jouaient avec des voitures, et d'autres avec des poupées.

"Let's go have some fun. Come on, Jimmy!" the teddy bear said. Smiling, Jimmy turned to Mom.

— *Allons nous amuser. Viens, Jimmy ! dit l'ours en peluche. Souriant, Jimmy se tourna vers Maman.*

"Go have fun, sweetie," she said. "I'll pick you up right after snack time."

— *Va t'amuser, chéri, dit-elle. Je viendrai te chercher juste après le goûter.*

"I remember. Bye, Mom!" Jimmy yelled as he ran to play with a large truck.

— *Je m'en souviens. Au revoir, Maman ! cria Jimmy en courant pour aller jouer avec un gros camion.*

After two hours, Mom came back to the daycare to pick up Jimmy. He ran to meet her and gave her a huge hug.

Après deux heures, Maman revint à la crèche pour récupérer Jimmy. Il courut vers elle et lui fit un très gros câlin.

"Mom, it was so much fun!" he shouted. "I played with a large truck, and then I painted a flower for you all by myself!"

— Maman, c'était super amusant ! cria-t-il. J'ai joué avec un gros camion, et ensuite j'ai peint tout seul une fleur pour toi !

Mom smiled happily. "It's so beautiful. What else did you do today?"

Maman sourit gentiment.
— Elle est très jolie. Qu'as-tu fait d'autre aujourd'hui ?

"The teacher read us a book, and after that we ate a snack," Jimmy said in one breath, bouncing near Mom.

— *La maîtresse nous a lu un livre, et après nous avons goûté. C'était délicieux, dit Jimmy d'une seule traite, bondissant à coté de Maman.*

"Can I stay for longer tomorrow? Please, Mom!"

Je peux rester plus longtemps demain? S'il te plaît, Maman !

The next day, he stayed longer. The day after that he stayed even longer.

Le jour suivant, il resta plus longtemps. Et le jour d'après il resta encore plus longtemps.

Now, Jimmy spends the whole day in daycare having lots of fun! He loves to play games and paint, to hear stories and eat.

Maintenant, Jimmy passe toute la journée à la crèche et s'y amuse beaucoup ! Il adore jouer et peindre, écouter des histoires et manger.

He is also happy when naptime comes, so he can rest a little bit.

Il est aussi content quand c'est l'heure de la sieste, comme ça il peut rester un peu plus.

Sometimes Jimmy doesn't bring teddy bear with him.

Parfois Jimmy n'emmène pas son ours en peluche avec lui.

But when he comes back home from daycare, Jimmy tells him all about his day.

Mais lorsqu'il revient de la crèche, Jimmy lui raconte tout sur sa journée.

www.ingramcontent.com/pod-product-compliance
Lightning Source LLC
Chambersburg PA
CBHW051306110526
44589CB00025B/2951